Der lange Weg zurück nach Haus

von

Dora Lindner

ISBN-13:
978-1480251441

ISBN-10:
1480251445

Lektorat:
Karin Kubescha

Formatierung und Cover Design:
Annette Lobell: www.annettelindner.com

Drehbuch Adaptation in Entwicklung durch:
Confinefilm: www.confinefilm.com

Der lange Weg zurück nach Haus

Es war im Sommer 1943, als Hamburg in Schutt und Asche versank.

Ich habe es nicht miterlebt und konnte nur aus der Ferne bangen um die Schwiegereltern und unser Hab und Gut.

Den dritten Sommer verbrachte ich nun schon mit unserer kleinen Tochter Karin in Gotenhafen bei Danzig (Gdingen). Dort war mein Mann beim Festungsbaustab stationiert.

Trotz Krieg war es eine schöne Zeit, ohne Bomben und nächtlicher Ängste im Keller. Wir machten Ausflüge nach Danzig, Oliva und Zoppot, badeten in der Ostsee und lagen am Strand.

Doch plötzlich war das vorbei. Im Oktober 1943 wurde mein Mann nach Griechenland versetzt.

Inzwischen hatten wir erfahren, dass unser Haus in Hamburg ausgebrannt war, aber die Schwiegereltern hatten überlebt.

So fuhr ich mit meinem Kind in meine Heimatstadt zu meiner Mutter.
Drossen war eine Kleinstadt mit 6000 Einwohnern und lag 30 km östlich von Frankfurt/Oder. Eine vollkommen erhaltene Stadtmauer mit Türmen umgrenzte die innere Stadt. Der Poststempel lautete: Luftkurort und Maiblumenstadt Drossen. Sieben große Gärtnereien lebten von Maiblumenzucht und Spargelanbau.

Wir verlebten einen ruhigen Winter. Meine Mutter und ich strickten für Bauern und bekamen Lebensmittel dafür. Viele hatten damals eine Nebenquelle, denn die Lebensmittelmarken reichten nicht mehr zum Sattwerden.

Unsere Verwandten hatten das einzige Kino in der Stadt, und jede Woche gingen wir einmal dorthin, hauptsächlich der Wochenschau wegen.

Im März 44 erlebten wir eine große Freude, als mein Mann für drei Wochen auf Urlaub kam.

Eine Woche fuhren wir nach Hamburg zu den Eltern. Ganz deprimiert von dem Ausmaß der Zerstörungen kehrten wir nach Drossen zurück. Doch eine Freude hatten wir in Hamburg, wir konnten unsere geretteten Möbel sehen, die in einer Schule untergestellt waren.

Als mein Mann Abschied nehmen musste, wussten wir nicht, dass es für eine Ewigkeit war.

Doch wieder war das Glück an seiner Seite, er wurde auf die schöne Insel Korfu versetzt.

Einen ruhigen Sommer erlebten wir noch, aber im Oktober wurde ich zur Arbeit eingezogen.

Zu der Maschinenfabrik Kayser musste ich und mit acht russischen Zwangsarbeiterinnen an einem Tisch Anker für die Flugzeugindustrie wickeln.

Eine knifflige Arbeit, und manchmal halfen mir die Russinnen dabei. Jeden Morgen musste ich um 6:00 Uhr in der Fabrik sein, dann mit einer halben Stunde Mittagspause bis 16:30 Uhr. Ich kam mir auch vor wie eine Zwangsarbeiterin und das war ich ja eigentlich auch.

Wir machten uns große Sorgen um das Kriegsgeschehen. Auf allen Kriegsschauplätzen ging es rückwärts.
Unaufhaltsam rückten von Osten und Westen die alliierten Truppen auf deutschen Boden vor. Jetzt wurden auch ältere Männer zum Volkssturm eingezogen, halbe Kinder zogen in den Krieg.

Als kurz vor Weihnachten in unserem Haus eine junge Frau plötzlich an einem Herzschlag starb und zwei Jungen im Alter von elf und zwölf Jahren hinterließ, übernahm ich deren Pflege und wurde sofort von der Fabrik freigestellt. Doch bald bereute ich diesen Entschluss, denn die beiden waren frech und rüpelhaft und spielten mir manchen Streich. Auch waren sie der Hemmschuh, dass wir nicht rechtzeitig aus Drossen wegkamen.

Es war nun schon Januar 1945, und die Russen rückten immer näher. Wir hatten Angst, und Goebbels Propaganda tat ihr Übriges, um diese Angst zu schüren. Auch von einer Geheimwaffe wurde gemunkelt, die alles ändern würde. Jedes noch so vage Gerücht war ein Strohhalm, an den wir uns klammerten.

Schon seit Wochen fuhren Flüchtlingstrecks aus dem Osten ununterbrochen durch die Stadt. Unsäglich bedauerten wir diese armen Menschen und kochten jeden Tag Suppe und Tee für Sie.

Ende Januar hatten wir noch eine große Freude. Nach langer Zeit endlich Post von meinem Mann, gleich drei Karten auf einmal. Er war in Afrika in englischer Gefangenschaft. Wir waren so glücklich, dass er noch lebte.

Nur schickte man auch noch 600 ausgebombte Kölner zu uns. Ein Wahnsinn!

Tiefer Winter war damals, starker Frost und viel Schnee. Wir packten nun doch unsere Koffer, packten ein und wieder aus, es war so vieles wichtig.

Meine Mutter wollte mich überreden, allein mit Karin nach Hamburg zu fahren, solange es noch möglich war. Sie wollte bei den Jungen bleiben. Aber ich konnte sie doch nicht einem ungewissen Schicksal überlassen. Wir überlegten hin und her und konnten zu keinem Entschluss kommen, zumal wir ja auch nicht wussten, wo wir in Hamburg mit fünf Personen unterkommen könnten.

Die Trecks fuhren weiter durch die Stadt, und Soldaten marschierten zurück. Wir fragten sie immer wieder: „Was ist los, was sollen wir tun?“ Aber sie konnten uns auch nichts sagen, rieten uns sogar zu bleiben. Wir standen mit den Kindern und Koffern an der Straße, um zu versuchen, von einem Wehrmachtsauto mitgenommen zu werden, aber sie waren alle schon voll besetzt, und es war aussichtslos. Den nächsten Tag, es war der 31. Januar 1945, verbrachten wir auf dem Bahnhof. Es kamen Züge von Osten, aber derart überfüllt, sodass es unmöglich war, hineinzukommen. Ganz verzweifelt gingen wir abends wieder nach Hause. Während meine Mutter und die Kinder schliefen, lief ich nachts auf der Straße umher, um vielleicht etwas Neues zu erfahren. Es schwirrten Gerüchte um, einmal, dass wir evakuiert würden, dann wieder, dass überhaupt kein Zug mehr fahren würde.

Ich wollte mir Gewissheit verschaffen und ging nachts gegen 3:00 Uhr zur Kreisleitung. Dort war alles in Auflösung begriffen. Man schimpfte mich aus, als ich sagte, dass wir schon den ganzen Tag auf dem Bahnhof waren, noch wäre kein Evakuierungsbefehl raus. Gab mir dann aber doch die Auskunft, dass morgens ein Zug käme, der uns holen würde. Gegen 6:00 Uhr zogen wir unseren Schlitten, voll bepackt mit Koffern, wieder zum Bahnhof. Der Zug stand wirklich schon da, und wir warteten eingekeilt zwischen vielen Menschen, dass wir verfrachtet würden. Stunde um Stunde verging, die Kälte kroch an uns hoch, die Beine spürten wir schon gar nicht mehr, Kanonendonner kam immer näher.

Warum ließ man uns nicht in den Zug?

Gegen 10:00 Uhr war es dann endlich so weit. Aber die Zeit verging, und der Zug fuhr nicht ab. Was war los? Als er sich um 12:00 Uhr in Bewegung setzte, fiel ein Stein von unserem Herzen. Es war ein endlos langer Zug voller Flüchtling, es sollen um 2000 gewesen sein, und hinten waren Tank- und Munitionswagen angehängt.

Unser Glücksgefühl dauerte nur 10 Minuten. In der Reppener Heide splitterten plötzlich die Fensterscheiben, und der Zug blieb stehen. Wir wussten gar nicht was los war, bis ein Mann schrie: „Runter auf den Fußboden!" Wir warfen uns auf den Fußboden, denn es schoss jetzt ununterbrochen. Panik brach aus, und die Menschen drängten nach draußen. Ich nahm mein Kind, rollte mit ihr den Bahndamm hinunter, um im nahen Wald Deckung zu suchen. Meine Mutter und die beiden Jungen kamen nicht, immerzu rief ich nach ihnen.

Russische Panzer mahlten auf der nahen Straße und schossen immer in den Wald hinein.

Granaten krepierten, Bäume splitterten, Menschen schrien, Tote und Verwundete lagen im Schnee.

Wir verkrochen uns in den frischen Granattrichtern. Das Kind schrie nicht, es war ganz ruhig, der Schreck hatte es wohl gelähmt. Ich schützte sie mit meinem Körper, den Pelzmantel über uns gebreitet.

Plötzlich tauchte einer der Jungen auf, er lief zum Zug, der in greifbarer Nähe stand, um nachzusehen, ob sein Bruder und meine Mutter noch drin waren, aber er fand sie nicht.

Jetzt kamen auch noch Flugzeuge. Vielleicht Deutsche?

Eine richtige Schlacht war in Gange, und wir da mittendrin. Es war die Hölle!

Langsam wurde es ruhiger, und wir krochen durch das dichte Unterholz, trafen auf Bekannte, die auch ratlos und verzweifelt waren.
Nach etwa 3 Stunden trafen wir meine Mutter wieder und den zweiten Jungen. Wir fielen uns in die Arme und weinten bitterlich, hauptsächlich wohl vor Freude, dass wir nicht verletzt waren. Mutter hatte den Kopf nicht verloren so wie wir. Sie hatte unsere Handtaschen dabei und sogar einen kleinen Koffer mit Esswaren. Aber wer hatte schon Hunger? Unseren Durst löschten wir mit Schnee.

Zum Zug zu gehen, wagten wir nicht mehr, alle Koffer ließen wir im Stich. Es dunkelte schon, als ein Volkssturmmann kam und rief, wir sollten nach Drossen zurückgehen, die Stadt wäre feindfrei. Wir waren ein großer Trupp, der durch den tiefen Schnee stapfte, und ringsum brannten die Dörfer. Karin lief stumm und klaglos neben mir her, nur einmal blieb sie erschöpft stehen und sagte: „Ich kann nicht mehr, aber ich muss ja.“ Wie war sie tapfer unsere Kleine, und war sie doch erst fünf Jahre alt.

In Drossen war es unheimlich still, nur ab und zu trafen wir einen Volkssturmmann.

An unserem Haus gingen wir vorbei, es lag direkt an der Hauptstraße. Das Kino war unser Ziel, weil es 50 Meter von der Straße entfernt in einem Garten lag. Unsere Verwandten hatten sich schon mit einigen Bekannten im Heizungskeller unter der Bühne eingerichtet. Die Kinoheizung war warm, sodass wir unsere völlig durchnässten Sachen trocknen konnten.

An Schlaf war in dieser Nacht nicht zu denken, wir waren zu aufgewühlt. Nur die Kinder schliefen.

Wir hörten es jetzt schießen und Panzerfäuste explodieren.

Am Morgen des 2. Februar waren die Russen da. Sie fuhren durch die Stadt, Flieger kamen, warfen Bomben, es wurde gekämpft. Nach einiger Zeit wurde es ruhiger.

Gegen Mittag kam Onkel Hugo, der oben an der Straße ein Modewarengeschäft hatte und sagte uns, dass Tante Anna (seine Frau) sich erschossen hätte. Es hat uns nicht erschüttert, im Gegenteil, wir beneideten sie um ihren Mut.

Da wir nur noch das hatten, was wir auf dem Leibe trugen, forderte Onkel Hugo uns auf, ins Geschäft zu gehen, um uns zu holen, was wir brauchten. Als wir es nach einiger Zeit wagten, kamen wir in einen völlig ausgeraubten Laden. Wir gingen in den ersten Stock, auch dort alles ausgeplündert, und Tante Anna lag tot in ihrem Bett.

Die ersten Russen kamen ins Kino, verlangten „Uri, Uri“ und nahmen alle Lebensmittel und Getränke und zerschlugen noch dies und jenes, bevor sie wieder abzogen.

Wir jungen Frauen blieben im Versteck.

Meine Mutter wagte es, noch einmal in ihre Wohnung zu gehen, um etwas zum Anziehen zu holen. Sie kam aber ohne ein Stück zurück, denn die Wohnung war ausgeplündert und verwüstet.

Sie erzählte, dass die Fremdarbeiterinnen in schicken Sachen, Arm in Arm mit den Russen durch die Straßen zögen, alles plünderten und in den Häusern feierten.

Gegen Abend brachten wir alle verfügbaren Matratzen in den Keller und schliefen in dieser Nacht wie Tote.

Tante Clara hatte noch immer etwas zu essen für uns, sie hatte einiges gut versteckt. Die Kinder bekamen sogar frische Milch von der Ziege.

Es gab nun kein Licht und kein Gas mehr, aber in der Küche war ein großer Feuerherd.

Russen kamen immer wieder ins Haus und durchsuchten alles, aber unser Versteck, hinten im Kino, hatten sie noch nicht entdeckt. Manchmal gingen wir nach vorn in die Küche, um uns zu waschen oder zu essen. Einer hielt immer Wache am Fenster, und sowie Russen in Sicht waren, verschwanden wir Frauen im Kino.

Was mag uns wohl noch alles bevorstehen, fragten wir uns. Stundenlang debattierten wir im Keller, und alle waren wir der Ansicht, dass das Leben keinen Sinn mehr hätte. Die Hoffnung, dass wir jungen Frauen unsere Männer noch einmal wieder sehen würden, hatte keine.

Vielleicht würde man uns als Zwangsarbeiterinnen nach Russland schicken, so wie wir es mit ihren Frauen gemacht haben, oder vielleicht würden Sie uns auch erschießen. Da war kein Fünkchen Hoffnung mehr in uns.

Wir beschlossen, alle zusammen zu sterben.

Es war kein schwerer Entschluss, im Gegenteil. Dass hier noch die Möglichkeit bestand, sich mit Kohlenmonoxidgas zu vergiften, war irgendwie beruhigend.

Meine beiden Pflegejungen schickte ich zu ihrer Tante, die in der Nähe wohnte.

Der Abend kam, wir saßen im Keller bei Kerzenlicht, jeder in seine Gedanken versunken, kein Wort fiel. Nur Onkel Hermann war noch vorn im Restaurant.

Wir meinten, aufgeregte Stimmen zu hören, hielten den Atem an, das Herz raste.

Plötzlich - ein gellender Ruf wie in Todesangst: „Clara!“ Sie raffte sich auf, ging nach vorn und kam nach einiger Zeit mit fünf Russen zurück, darunter einige Mongolen. Tante Clara sagte mit tränenerstickter Stimme: „Sie wollen Frauen haben.“

Die Russen blendeten uns mit ihren Taschenlampen und leuchteten alles ab. Dann nahmen sie meine Cousinen Hannchen und Gretchen und mich mit. Im Restaurant begutachteten sie uns anscheinend, palaverten aufgeregt miteinander, während wir drei am ganzen Leibe zitterten. Die vier Mongolen nahmen Hannchen und Gretchen mit in ein anderes Zimmer, während der eine Russe, der wohl einen höheren Rang hatte, mich mit vorgehaltener Pistole ins dunkle Kino trieb. Was er mir antat, nahm ich nicht mehr wahr, denn mir schwanden wohl die Sinne, und ich wachte erst wieder auf, als ich mit Fußtritten traktiert wurde. Fluchend rannte der Russe in den Keller und holte sich meine weißhaarige Mutter. Nun kamen schon wieder zwei Mongolen in den Keller. Ich versteckte mich, und sie nahmen eine junge Frau mit, die laut schrie und sich wehrte.

Meine weinende Mutter kam zurück, und da flüchteten wir mit dem Kind aus dem Kellerfenster. Hinter Sträuchern dicht aneinander gekauert, froren wir ohne Mantel entsetzlich.

Mehrere Häuser brannten in der Nähe, und der Wind fauchte.

Nach einiger Zeit ging ich zum Kellerfenster, um zu horchen, aber es war ganz still. Wir kletterten wieder hinein. Der Keller war schon voller Rauch. Onkel Hermann hatte die letzten versteckten Spirituosen geholt, und wir betranken uns. Ehe wir in einen tiefen Schlaf sanken, lallten wir nur noch: „Auf Wiedersehen im Himmel.“

Bevor wir uns betranken, hatten wir noch beschlossen, wenn das Kohlenmonoxydgas nicht wirken sollte, wir uns erschießen würden. Onkel Hugo hatte genug Kugeln für seinen Revolver.

Als ich am anderen Morgen doch wieder zu mir kam, wollte Onkel Hermann gerade seine Tochter Gretchen erschießen, Hannchen war schon tot.
Vielleicht hatte mich der Schuss geweckt, auch mein Kind rührte sich. Aber meine Mutter war ganz kalt, sodass ich dachte, sie wäre tot.
Als mein Onkel seine Frau und die Töchter erschossen hatte, rührte sich meine Mutter auch wieder. „Oh Gott, warum bin ich nicht tot“, waren ihre ersten Worte. Sie hatte von dem Drama, das direkt neben ihr geschehen war, nichts gemerkt.

Die Männer trugen die Toten rauf in den Kinosaal und legten sie vor die Bühne.

Onkel Hugo legte sich daneben und erschoss sich auch.

Ich höre es noch immer, wie die junge Frau mit ihrer Mutter auf meinen Onkel Hermann einredeten: „Bitte Hermann tue es, der liebe Gott wird dir's verzeihen“, und er nur immer sagte: „Ich kann's nicht, ich kann's nicht.“ Es dauerte wohl eine Stunde, bis er es dann doch tat. Zuerst das Kind, dann die Mutter und zuletzt die Großmutter.

Onkel Hermann war am Ende.

Er erklärte mir noch den Revolver und sagte, dass für uns auch noch drei Kugeln drin wären. Dann legte er sich oben neben seine Frau und erschoss sich.

Ich nahm ihm die Waffe aus der Hand, um das Drama zu beenden. Mein Kind schaute mich mit großen Augen an, und ich wagte nicht, abzudrücken. Meine Mutter entriss mir den Revolver, wollte sich erschießen, aber ich entwand ihn ihr wieder. Ich konnte sie überreden, es nur noch in der höchsten Not zu tun.

Es war Sonntag der 4. Februar 1945.

Vollkommen deprimiert saßen wir zwischen den Toten und wussten nicht, was wir tun sollten. Hier konnten wir nicht bleiben, und so beschloss Mutter zu unseren Verwandten zu gehen, um zu sehen, ob wir dort unterkommen könnten. Als sie endlich nach etwa 2 Stunden zurückkam, saß ich mit Karin eng umschlungen und zitternd im Keller. Uns war so übel von dem Gas.
Wir rafften uns auf und liefen so schnell wir konnten hinter der Stadtmauer entlang, ohne einem Russen zu begegnen. Tante Auguste und Cousine Hilde waren froh, nicht mehr allein zu sein. Auch Hilde war von Vergewaltigungen nicht verschont geblieben.

Am nächsten Tag gingen meine Mutter und Tante Auguste noch einmal zum Kino. Sie kamen mit einem Handwagen wieder, darauf 1/2 Zentner Roggenmehl, ein Huhn ohne Kopf und am Strick die Ziege. Nun hatten wir Milch für die Kinder, denn Hilde hatte drei, darunter ein Kleinkind von anderthalb Jahren.

Wir meinten, das Schlimmste nun überstanden zu haben. Nachts schlief ich im Kinderbett, und wenn am Tage Russen ins Haus kamen, kroch ich auch schnell hinein, deckte mich bis oben zu, sodass nur noch einige Haare zu sehen waren. So hielt man mich für ein Kind, und ich blieb von Belästigungen verschont.

In den nächsten Tagen holten die Russen Radios, Uhren und Nähmaschinen aus den Häusern, und alle Waffen mussten abgegeben werden. Ich gab den Revolver nicht her, sondern steckte ihn in einen Lederhandschuh und vergrub ihn unter dem Kaninchenstall im Garten. Vielleicht würden wir ihn ja noch gebrauchen.

Man sagte uns, die Stadt sähe wüst aus, an verschiedenen Ecken brenne es, auch unser Haus und das von Onkel Hugo.

Am Nachmittag des 9. Februars hieß es, die Stadt müsse von allen Zivilpersonen geräumt werden, sie würde Kampfgebiet.

Wir hofften, dass es nicht für lange sein würde und packten nur das Nötigste in einen Handwagen und den Kinderwagen, wo auch noch Sabinchen Platz haben musste. Alle Menschen zogen schon los und wir als letzte hinterher. Wir kamen nur bis zur Siedlung, denn es wurde früh dunkel und suchten uns ein verlassenes Haus, wo wir die Nacht verbringen wollten. Es war kaum Platz darin, denn es war alles zertrümmert.
Am anderen Morgen kamen noch viele Menschen aus der Stadt, und wir reihten uns ein in diesen Elendszug. Über Buchholz, Lieben sollten wir nach Zielenzig gehen. Russen mit Maschinenpistolen begleiteten uns, riefen: „Dawai, dawai!“ Was hatten sie wohl mit uns vor? Vielleicht wollten sie uns in Zielenzig nach Russland verfrachten? Als wir die letzten Häuser hinter uns hatten, ließen uns die Russen allein weitergehen. Auf ungefestigten Wegen, durch Morast und Schneematsch zogen wir mit unseren Wägelchen den ganzen Tag.

Wir waren am Ende unserer Kräfte, als wir gegen Abend in Bresen, einem kleinen Dorf, ankamen. In einem Bauernhof baten wir um Aufnahme. Auch hier war alles kaputt geschlagen, und die Bauern saßen bei Kerzenlicht in der Küche am Herd.

Sie waren ganz froh, dass sie nicht mehr allein waren. Im Dunkeln suchten wir uns ein Zimmer, es war das Tochterzimmer mit seinem Bett. Eine mitgebrachte Kerze zündeten wir an und räumten etwas auf. Im Nebenzimmer fanden wir noch einige heile Kopfkissen, sodass die Kinder auf dem Bett schlafen konnten. Wir Erwachsenen verbrachten die Nacht auf dem Fußboden.

Es kamen noch viele Menschen am Abend ins Haus, sodass am anderen Tag das Haus voll war.

In sieben Zimmern und auf dem Dachboden hausten nun 8 Wochen über 100 Menschen und kochten alle auf dem großen Herd in der Küche. Dort lagen auch noch ein halbes Dutzend Leute auf Heu und Stroh.

Kartoffeln, Steckrüben und Kohl gab es noch, und die Menschen holten sich aus dem Keller, was sie brauchten. Der Bauer ließ alles geschehen und zog mit seiner Frau und der geschändeten Tochter, die nicht mehr laufen konnte, ins Leutehaus. In unserem kleinen Zimmer mussten wir noch eine Mutter mit 2 Kindern aufnehmen, sodass wir jetzt 11 Personen waren. Säcke hatten wir mit Heu gestopft, damit wurde nachts der Fußboden ausgelegt. Ich schlief, weil ich klein bin, mit 3 Kindern quer auf dem Bett.
Fast jede Nacht kamen Russen ins Haus und suchten sich Frauen, die sie bis zum Morgen mitnahmen.

Acht Wochen konnten wir uns nicht ausziehen und nicht richtig waschen, da auch am Tage immer wieder Russen ins Haus kamen und die Räume durchsuchten.

Alles hatten sie uns inzwischen geklaut, auch die paar Kerzen, die wir im Kinderwagen versteckt hatten. Nun hatten wir als Lichtquelle ein Marmeladenglas mit Wasser, darauf eine Schicht Öl. Durch den Deckel hatten wir ein Loch gebohrt und einen Wollfaden gezogen, das war der Docht.

Im Haus gab es kein Wasser, somit war die Toilette nicht zu benützen. Die 2 Toilettenhäuschen lagen am Ende des großen Hofes, 30 Meter vom Haus entfernt. Wir hatten uns einen großen Nachttopf organisiert für die Nacht, denn unsere beiden Türen waren von schlafenden Menschen blockiert.

Als wir eines Morgens in die Küche kamen, hatten wir Zuwachs bekommen. In der Nacht war dort, auf Heu und Stroh, ein Kind geboren worden. Doch es starb nach wenigen Tagen, die Mutter konnte es nicht nähren.

Die Russen sammelten nun die letzten Männer ein bis auf die ganz alten und transportierten sie ab. Ob sie wohl jemals wiedergekommen sind?

In der Waschküche sollten einige Frauen für die Russen Wäsche waschen. Auch meine Mutter und Tante Auguste mussten 3 Tage Russenwäsche und schöne geklaute Wäsche, mit handgestickten Wappen, waschen. Dabei organisierten sie Seife in der Schürzentasche.

Zwei Russen hatten Wäschewache, blieben auch nachts da und suchten sich ausgerechnet unser kleines Zimmer zum Schlafen aus. Zuerst dachten wir, sie würden uns alle aus dem Zimmer hinauswerfen, aber mitnichten. Der eine schlief auf einer kleinen Polsterbank, der andere auf dem Fußboden zwischen uns, den Mantel über den Kopf gezogen. Wir wagten zuerst, kein Auge zu zutun, aber sie taten uns nichts und sprachen auch nicht.

Die Lebensmittel, die sich noch im Haus befanden, als wir kamen, waren von den vielen Menschen längst verzehrt. Meine Mutter und Tante Auguste stöberten in den Kellern verlassener und abgebrannter Häuser herum und fanden noch immer etwas. Eines Tages kamen sie mit einem großen Tonkrug voller Schmalz zurück. Aber wir hatten kein Brot und wollten jetzt selbst welches backen. Getreide war noch in der Scheune, aber es musste ja gemahlen werden.

Eine alte Kaffeemühle tat ihre Dienste. Den ganzen Tag wechselten wir uns ab beim Mahlen. Das Brot wurde zuerst steinhart, bis jemand Sauerteig machte, da wurde es besser. Auf unserem Hof waren jetzt an die 80 Kühe zusammengetrieben, die von einigen Frauen gemolken werden mussten. Auch meine Mutter war dabei und reichte uns immer heimlich eine Kanne mit Milch durchs Fenster.

Ich wurde krank, hatte schreckliche Schmerzen unter dem rechten Brustkorb, es zog bis in den Rücken. Mit angezogenen Beinen konnte ich nicht mehr liegen und machte mir unter dem Fenster, halb hinter dem Klavier versteckt, ein Lager aus Heusäcken. Etwas Festes konnte ich nicht mehr essen, und so lebte ich einige Wochen nur von der organisierten Milch.

Doch dann war es mit der Milch vorbei, die Kühe wurden nach Osten getrieben. Auch meine Cousine musste dabei helfen, und wir dachten, sie würde nicht wiederkommen. Aber nach 4 Tagen kam sie wieder zurück, und die Freude ihrer Kinder war groß. Unterwegs, im Wald, hatte sie einen großen Topf mit Sirup gefunden, und die Kinder machten sich sogleich darüber her. Ich lag am Tage im Bett und nachts hinter dem Klavier und konnte vor Schmerzen nicht mehr schlafen. Ohne Milch magerte ich zusehends ab, denn etwas Festes konnte ich nicht zu mir nehmen. Ich hatte keinen Lebenswillen mehr, und meine Mutter fürchtete um mein Leben. In ihrer Not holte sie einen russischen Sanitäter, der feststellte, dass die Leber und die Galle krank wären. Er gab mir eine Tablette und sagte, dass ich Milch trinken soll, aber wo wir die Milch bekommen könnten, sagte er nicht.

Meine Mutter und Tante Auguste hatten bei ihren „Organisationsfeldzügen“ herausbekommen, dass in einer Scheune noch viele Kühe waren, die von einem Russen bewacht wurden.

Jeden Morgen, wenn es noch dunkel war, kletterten die beiden Omas aus dem Fenster, schlichen durch das Dorf, durch einen kleinen Hintereingang in die Scheune und melkten einigen Kühen Milch ab. So ging es einige Zeit, und niemand merkte etwas davon. Hätten die Russen sie erwischt, wären sie bestimmt erschossen worden. Durch die Milch erholte ich mich wieder.

Zu dieser Zeit tauchten meine beiden Pflegejungen auf. Rund und wohlgenährt standen sie eines Tages in der Tür. Sie kamen aus Drossen, wo sie mit Russen in einer Mühle gelebt und für sie gearbeitet hatten. Dafür hatten sie gut zu essen bekommen. Was sollten wir nun mit ihnen anfangen? Platz hatten wir keinen und zu essen auch nicht. Sie gingen wieder fort, um zu sehen, ob sie im Dorf woanders unterkommen könnten.

Eine Frau, die selbst 4 Kinder hatte, nahm sie auf.

Nach dem Krieg kamen sie in ein katholisches Waisenhaus, in Frankfurt/Oder, wo ihr Vater sie später abholte.

Eines Tages kam meine Mutter und flüsterte mir ins Ohr: „Ich muss euch etwas zeigen.“ Sie führte Tante Auguste und mich weit weg vom Haus in einen alten Stall. Dort hatte sie eine Ziege und 2 Ziegenböcke versteckt.

Irgendwo hatte sie die frei herumlaufenden Tiere eingefangen. Die Böcke wurden geschlachtet, und alle hatten einige Tage wieder etwas zu essen. Aber das beste Essen schmeckt nicht ohne Salz, und so versuchten wir es mit Viehsalz, rotem Viehsalz.

Jeden Tag versuchte meine Mutter die Ziege zu melken, aber sie gab absolut keine Milch. Sicher ist sie tragend meinte jemand, und sie gab die Melkversuche auf.

Sieben Wochen lebten wir nun schon vollkommen abgeschnitten von der Welt, und keine Nachricht drang zu uns. Nur einmal flatterte ein Flugblatt vom Himmel. Es war von Goebbels und lautete: „So wahr die Sonne am Frühlingshimmel aufgeht, so war ist der Sieg unser!“ War es nicht wie Hohn? Aber wir lasen es begierig in der Scheune, immer wieder.

Solange wir noch Geschützdonner in der Ferne hörten, hatten wir immer auf Errettung gehofft, aber das war längst vorbei.

Manchmal dachte ich an Hamburg, und ob wir es wohl je schaffen würden, dorthin zu kommen.

Der russische Kommandant wollte in unser Haus ziehen, und wir alle mussten das Haus räumen. Wir packten unsere wenigen Habseligkeiten in unsere beide Wagen und zogen durchs Dorf, die Ziege am Strick. Am anderen Ende des Dorfes fanden wir ein leeres Haus, das die Russen soeben geräumt hatten. Zuerst schrubbten wir deren Dreck weg, ehe wir einzogen.

Einige Matratzen fanden wir, mit denen wir die eine Seite des Zimmers auslegten. Auch die Ziege hatte meine Mutter gut verstecken können.

An einem Abend standen plötzlich 2 Russen in unserer Tür. Sie standen nur da, rauchten und gafften, kein Wort fiel. Wir saßen auf unseren Matratzen und warteten auch schweigend. Plötzlich warfen sie sich auf uns, wir schrien alle, Tante Auguste riss ein Fenster auf und rief:„ Hilfe, Hilfe!“
Da rannten sie raus, warfen Steine durch die Fenster, einer flog in den Kinderwagen, hätte beinahe das Kind getroffen. Doch wir waren sie los, aber alle Fenster waren kaputt.

In der nächsten Nacht hatten wir die Tür abgeschlossen. Plötzlich lautes Klopfen an unserer Tür: „Aufmachen, aufmachen!“ Freudiges Erschrecken bei diesem deutschen Befehl. Wir schlossen auf und standen - Russen gegenüber, vielen Russen. Sie schimpften auf Deutsch: „Raus hier deutsche Schweine, wenn nicht in 5 Minuten raus, dann draußen aufhängen! Dawai, dawai!“

Schlotternd vor Angst rafften wir einiges zusammen, die Kinder weinten. Im gegenüberliegenden Zimmer rückten die Menschen noch enger zusammen, um für uns 8 Personen Platz zu machen.

Am anderen Morgen juckte es am ganzen Körper. Karin, mein armes Kind, war ganz zerbissen von den Läusen. Stundenlang haben wir die Kleidung abgesucht.

Die Russen, die in der Nacht gekommen waren, schienen die Vorhut zu sein von einer ganzen Armee Kosaken, die am anderen Tag von morgens bis abends durch den Ort zogen.

Am nächsten Tag musste das Dorf von sämtlichen Zivilpersonen geräumt werden. Wieder packten wir unsere Wagen, und die Ziege banden wir hinten an. Sie hatte jetzt schon einen ziemlich dicken Bauch.

Nach 4 km kamen wir in Zielenzig an, wo wir eigentlich schon vor 8 Wochen hin sollten. Wir standen auf der Straße und wussten nicht wohin, bis uns Bekannte mit in ihr großes Zimmer nahmen. Auch die Ziege hatte einen Verschlag auf dem Hof.

Wir schliefen auf dem Fußboden und bekamen nach 2 Tagen Kopfläuse, die die jungen Frauen von Russen mitgebracht hatten, wo sie arbeiten mussten.

Nun waren wir auf der Suche nach einem anderen Quartier und fanden auf einem Hof ein leeres Haus, das angeblich von der G.P.U. (Geheime Russische Staatspolizei) verlassen worden war, und in das niemand ziehen wollte.

Doch wir zogen ein. Wieder einmal machten wir gründlich sauber, ehe wir uns häuslich einrichteten. So gut hatten wir es lange nicht gehabt, ein ganzes Haus für uns allein. Sogar Betten mit Matratzen waren da, Schrank und Kommode, in der Küche Geschirr und ein Feuerherd, und unsere Ziege hatte einen Stall mit Heu und Stroh. Jetzt konnten wir uns endlich wieder einmal richtig mit warmem Wasser waschen und unsere Köpfe von den Läusen befreien, was schwierig war, denn wir besaßen kein Mittel dagegen, nur einen einzigen Kamm für alle 8 Personen.

Geld brauchten wir noch immer nicht, es gab ja nichts zu kaufen. Wovon haben all die Menschen nur gelebt?

Unsere beiden Mütter waren ständig auf der Suche nach etwas Essbarem. Acht hungrige Mäuler zu stopfen, war schwierig in dieser Zeit. Auf den Wiesen und in den Gärten fing es schon an zu sprießen, und eine Kartoffelmiete fanden sie auch noch, nur Fett und Fleisch fehlten.

Eines Morgens kamen unsere Mutter und Tante Auguste freudestrahlend mit einem großen Weidenkorb zurück. Darin lagen ein Kuhkopf, eine große Leber und die Lunge.

Schnell packten sie aus, um noch die Beine zu holen. Sie hatten das alles in einer Scheune gefunden, und es war ganz frisch. Anscheinend war das Tier erst gegen Morgen von den Russen geschlachtet worden, und sie hatten nur den Rumpf mitgenommen.

Wir waren ganz närrisch vor Freude und konnten endlich mal wieder lachen.

Nun machten wir uns ans Verarbeiten. Das Fell von Kopf und Beinen zu ziehen war am schwierigsten. Lunge und Leber mussten, weil leicht verderblich, zuerst gegessen werden. Einige von uns verdarben sich den Magen an der unverhofften Fettlabe. Im Keller fanden wir einige Gläser, und da weckten wir auch ein, denn man konnte ja nicht alles auf einmal essen.

Ende April bekam unsere Ziege 2 Junge. Die Kinder waren ganz glücklich über die beiden Zicklein und verbrachten fast den ganzen Tag im Stall. Nun gab die Ziege auch wieder Milch.

Am 5. Mai durften wir nach Drossen zurück. Wieder packten wir unsere Wagen voll mit allem, was wir inzwischen gefunden hatten, denn wir wussten ja nicht, was uns in Drossen erwartete. Aber wohin mit den Zicklein, die konnten doch bestimmt noch keine 15 km laufen. Also legten wir 2 Bretter unten in den Wagen, die hinten einen halben Meter überstanden. Darauf bauten wir den Weidenkorb mit den beiden Tierchen, die Ziegenmutter musste laufen. Unterwegs durften die Zicklein am Euter ihrer Mutter trinken. Der Rest wurde abgemolken, den bekamen die Kinder.

Plötzlich sahen wir in der Ferne einen Lastwagen auf uns zukommen. Wir wollten noch schnell in den Wald, aber es war schon zu spät. Der Wagen hielt, einige Polen stiegen aus, und sie wollten uns die Ziege wegnehmen, sie meinten wir hätten sie gestohlen. Aber meine Mutter wehrte sich ganz energisch dagegen, sie sagte: „Das ist meine Ziege, die habe ich vor 3 Monaten mitgenommen, und die nehme ich auch wieder nach Hause.“

War es der energische Ton der kleinen weißhaarigen Frau, oder hatten sie Mitleid mit den 4 kleinen Kindern? Sie ließen sie uns wahrhaftig behalten.

Wir waren glücklich, als wir gegen Abend in Drossen ankamen und Tante Augustes Haus heil und unbewohnt vorfanden. Die Räume waren leer und sahen wüst aus. Die kaputten Möbel standen auf dem Hof und waren nicht mehr zu gebrauchen. Die alte Ziege lag tot im Stall, aber nun hatten wir ja eine neue.
Wieder schrubbten wir zuerst einmal die Wohnung. Unsere pfiffigen Mütter organisierten noch einige Matratzen, sodass wir erst einmal schlafen konnten. Die beiden Alten waren wirklich ein Schatz, ohne sie wären wir wohl verhungert. Was haben sie sich abgemüht, um uns zu ernähren, denn wir jungen Frauen getrauten uns ja kaum auf die Straße.

Am nächsten Morgen ging ich mit Mutter zum Kino, in der Hoffnung, die 4000 RM wiederzufinden, die wir damals vor den Russen versteckt hatten. Aber oh Schreck, das Kino war bis zum Keller heruntergebrannt, und die Toten lagen noch da und waren mitverbrannt. Unser Haus war nur noch eine Ruine, und im Gewölbekeller, wo wir unter Kohlen einiges versteckt hatten, fanden wir nichts mehr.

In der Nacht vom 8. zum 9. Mai war ein fürchterlicher Krach auf den Straßen. Betrunkene Russen grölten und schossen. Wir hatten Angst!

Am anderen Tag erfuhren wir den Grund.

„Krieg aus, Hitler kaputt!“, riefen die Russen.

Wir waren ja so froh, dass es endlich ein Ende hatte. Hoffnung keimte in uns auf, dass wir vielleicht nun nach Hamburg zurück könnten.

Ein ziemlicher Schreck war es, aber als wir erfuhren, dass Drossen jetzt einen polnischen Bürgermeister und polnische Polizei hatte. Sollte die Stadt vielleicht polnisch werden?

Es wurde bekannt gegeben, dass alle Männer und Frauen bis zum 65. Lebensjahr arbeiten müssen.

Jeden Morgen um sieben Uhr gingen meine Cousine und ich zum Neuen Markt, dort wurden wir zur Arbeit eingeteilt. Wir fegten Straßen und räumten Schutt weg, montierten im Sägewerk die Schienen ab und verluden Kähne am See. Die Molkerei machten wir sauber und arbeiteten in Gärtnereien. Als wir in einer Mühle das letzte Mehl in Säcke schaufeln mussten, organisierten wir Schrot für unsere Ziege. Alles taten wir unter Bewachung. In der Woche bekamen wir für unsere Arbeit ein Brot und ein halbes Pfund Pferdefleisch. Kaufen konnten wir noch immer nichts, und Licht und Gas gab es auch nicht. Entweder hatte man in der Küche einen Feuerherd, oder man kochte draußen auf Steinen. Salz fehlte uns immer noch. Doch eines Tages stahlen einige Frauen den Russen, die nebenan ein Versorgungslager hatten, einen ganzen Zentner Salz. Da bekamen wir einige Pfunde ab.

Unsere Zicklein waren inzwischen gut gewachsen, und eines Tages schlachtete meine Mutter das eine. Die Kinder weinten fast den ganzen Tag und wollten nichts davon essen, aber der Hunger war doch stärker. An einem heißen Sonntag im Juni zogen Tausende gefangene deutsche Soldaten durch unsere Stadt.

Alle Frauen schleppten Eimer voll Wasser und gaben ihnen zu trinken, und die meisten russischen Bewacher ließen es zu. Es war so entsetzlich traurig, und wir Frauen weinten und weinten und dachten an unsere Männer, von denen wir lange nichts mehr gehört hatten.

Am 23. Juni mussten sich die Bewohner auf dem Neuen Markt versammeln.

Nach einer Weile kam der russische Kommandant, und er hatte einen fürchterlichen Streit mit dem polnischen Bürgermeister. Danach wurden wir alle wieder nach Hause geschickt.

Ein Gerücht ging um, dass das Land bis zur Oder jetzt polnisch wäre, und alle Deutschen müssten weg. Keiner wollte es recht glauben, aber als abends Trecks aus den umliegenden Dörfern in die Stadt kamen, wurde es zur Gewissheit. Für die Bewohner ein schwerer Schlag. Sie hatten doch gedacht, für sich selbst alles in Ordnung gebracht zu haben, und nun wo alles fertig war, mussten sie gehen.
Am nächsten Tag, es war ein Sonntag, wollten wir zum russischen Kommandanten gehen, um uns Gewissheit zu verschaffen. Meine Cousine, eine Freundin und ich zogen uns das beste Kleid an, das wir noch hatten und wagten uns in die Höhle des Löwen. Doch der Kommandant war sehr höflich und ließ eine Dolmetscherin kommen. Wir erfuhren auf unsere Fragen, dass ab Mittag dieses Tages das ganze Land bis zur Oder den Polen gehöre. Der Kommandant riet uns, so schnell wie möglich abzureisen. Es fuhren aber keine Züge, und er konnte uns auch nicht sagen, wie wir wegkommen könnten. Schweren Herzens gingen wir wieder nach Hause.

Meine Cousine mit ihrer großen Familie wollte noch abwarten, aber die Freundin und ich beschlossen, sofort zu packen. Vorsorglich hatte ich für uns schon eine Kinderkarre und einen Kinderwagen organisiert.

Am nächsten Vormittag gingen wir mit noch einigen Leuten zum Bahnhof und warteten den ganzen Tag, dass vielleicht ein Güterzug vorbeikommen würde, doch es kam keiner.

Gegen Abend erschienen einige Polen und trieben uns mit Kolbenhieben vom Bahnhof. Doch wir gingen nicht weit, warteten weiter in der Nähe in einem Haus. Gegen 22 Uhr hörten wir die Geräusche eines Zuges. Schnell liefen wir alle zum Bahnhof.

Es war ein Güterzug mit russischer Besatzung. Wir palaverten mit ihnen und machten uns so gut es ging verständlich, und wahrhaftig sie nahmen uns mit. Sie verfrachteten alle, vielleicht 20 Personen, in zwei offene Loren und ab ging's.

Wir waren ganz glücklich und hofften, in ein paar Tagen in Hamburg zu sein.

Bis Reppen fuhr der Zug, da hängten sie die beiden Loren ab und ließen uns irgendwo auf den Schienen stehen. Raus konnten wir nicht, die Wagen waren von außen verriegelt.
Was hatten sie wohl mit uns vor? Wir hatten Angst! Im Morgengrauen rangierten sie mit uns hin und her und fuhren nach Osten. Entsetzt nahmen wir das wahr und dachten, sie wollten uns den Polen ausliefern. Doch bald beruhigten wir uns wieder, als wir merkten, dass es nicht die Straße nach Drossen war.

Im nächsten Bahnhof hängten sie nur Tankwagen an den Zug und fuhren zurück nach Reppen. Nach Stunden fragte uns ein Pole, was wir in dem Zug wollten, das wäre doch ein Rangierzug. Er befreite uns aus dem Gefängnis, und wir wuchteten unsere Wagen runter, trugen sie über die Schienen und warteten wieder. Gegen Mittag kam ein Güterzug mit offenen, niedrigen Loren, darauf saß einsam ein russischer Offizier. Die Frage, ob dieser Zug nach Berlin fährt, verstand er wohl, denn er nickte. Es dauerte auch nicht lange, und der Zug fuhr ab. Schreckliche Angst hatten wir noch, als der Zug über die behelfsmäßige Oderbrücke fuhr, und hielten unsere Wagen umklammert. Im Frankfurter Bahnhof stiegen die ersten entlassenen Kriegsgefangenen zu uns auf die Lore und gaben den Kindern von ihrem Brot ab.
Sie hatten mehr zu essen als wir. Viele Flüchtlinge waren noch zugestiegen, und bald ging es weiter. Doch bei Pilgraum wurden wir schon wieder abgehängt. Am Bahndamm wurden Feuerchen gemacht, man kochte Kartoffeln oder was jeder noch so mitgenommen hatte.

In der Nacht muss ich wohl eingeschlafen sein. Ich wurde wach, als mich jemand rüttelte. Es war ein Russe, er wollte mich mitnehmen. Meine Mutter mischte sich ein, sie bekam ein paar Ohrfeigen, alle schrien wir: „Hilfe, Hilfe!“ Ein Posten kam gelaufen, schoss in die Luft, und der Russe war verschwunden. Gegen Morgen setzte sich der Zug langsam in Bewegung. In strömenden Regen, bei Blitz und Donner fuhren wir in Berlin-Köpenick ein. Nun trennten sich unsere Wege. Manche hatten ein Ziel, manche nicht.

Ein junges Mädchen sprach uns auf der Straße an und nahm uns mit in ihre Wohnung. Dort konnten wir eine Nacht schlafen und unsere Sachen trocknen. Unseren nur noch dreirädrigen Kinderwagen tauschten wir gegen einen kleinen Handwagen. Sie bekam noch 20 RM dafür. Das war das erste von uns für wertlos gehaltene Geld, das wir seit Januar ausgaben.

Wir zogen nun durch Berlin von Osten nach Westen, mal zu Fuß, mal ein Stück mit der Straßenbahn, dann mit der U-Bahn und wieder zu Fuß.

Mein Gott, wie sah Berlin aus! Ruinen, nichts als Ruinen. Überall waren Frauen dabei, die Trümmer wegzuräumen, doch Männer sahen wir keine.

Unterwegs bekamen wir Hunger. In einem kleinen notdürftig zusammengeflickten Restaurant gab es eine dünne Suppe. Zum ersten Mal seit 5 Monaten hörten wir deutsche Musik aus dem Radio, und wir mussten weinen.

Am Lehrter Bahnhof konnten wir gleich weiterfahren, sogar mit einem Personenzug, aber nur bis Spandau. Am nächsten Morgen Weiterfahrt mit einem Milchzug, angeblich bis Wittenberge, aber in Breddin, 35 km vor Wittenberge, wurden wir wieder abgehängt. Wir warteten den ganzen Tag auf die Weiterfahrt, aber vergebens.

Gegen Abend fuhren wir mit unseren Wagen durch das Dorf, auf der Suche nach einem Quartier und fanden in einem Bauernhof Aufnahme. Wir konnten Milch kaufen und tauschten ein seidenes Tuch und Rasierklingen gegen Speck, Schmalz und Brot. Wir blieben drei Tage und erholten uns.

In einem offenen Kohlenzug fuhren wir dann in strömenden Regen bis Wittenberge. Dort steckte man uns in ein Massenlager in einer Schule. Mit 25 Männern, Frauen und Kindern in einem Raum, hatten wir für uns drei nur ein Bett. Wir bekamen wieder Kopfläuse und waren ganz unglücklich. Das einzig Gute war, dass wir jeden Tag eine Essenskarte für den Ratskeller erhielten.
Die nächsten Tage verbrachten wir mit Zimmersuche, um aus dem Lager herauszukommen und fanden auch wirklich eine kleine Wohnung. Es hieß, die alte Frau wäre geflüchtet und käme wohl nicht wieder.

Am Freitag, den 6. Juli zogen wir ein und waren so froh, dass wir uns wieder einmal richtig waschen und allein schlafen konnten. Doch unser Glück währte nicht lange. Schon am nächsten Morgen hieß es, dass die Grenze zwischen russischer und englischer Zone bis Zarrentin vorverlegt wäre, und die Hamburger weiter müssten. Wir wollten noch bleiben, wo wir es jetzt so gut hatten, wenigstens bis Montag. Aber wir bekamen keine Verpflegung mehr. Am Sonntagmorgen klopfte es an unsere Tür, ganz erstaunt öffneten wir. Die alte Frau war zurückgekommen und räumte nun mit einigen Männern die ganze Wohnung aus, bis auf den letzten Stuhl.

Was sollten wir tun? Wieder einmal packten wir unsere Wagen und fuhren zum Bahnhof, wo wir gegen Abend weiterfahren konnten. Vielleicht bis Hamburg? Doch morgens um 3 Uhr landeten wir in Zarrentin. Alle mussten aussteigen, es ging nicht weiter.
Viele Hundert Flüchtlinge waren auf dem Bahnhof, und wir wurden von Russen bewacht wie Gefangene und durften nicht in die Stadt.

Da wir Hunger hatten, schlich ich durch die Gärten in die Stadt und konnte Kartoffeln und Gemüse kaufen, das wir auf dem Bahnhof auf Steinen kochten.

Die Bewohner von Zarrentin brachten uns Brot und Milch, und einmal gab es auch eine warme Suppe. Zwei Nächte verbrachten wir noch auf dem Bahnhof unter freiem Himmel, morgens waren wir ganz nass vom Tau, und es fing an zu regnen. Nun hieß es, wir sollten nach Schwerin ins Lager gebracht werden. Doch wir wollten nicht zurück, keinen Kilometer. Um die Mittagszeit, als ein ziemliches Durcheinander auf dem Bahnhof war, schlugen wir uns in die Büsche. Von Weitem sahen wir noch den Zug kommen, der die Flüchtlinge nach Schwerin bringen sollte. Wir waren froh, dass wir dem entkamen.

Quartier fanden wir bei einem Bauern in der Scheune. Es schlief sich gut im Heu. Jeden Tag konnten wir bei unserem Bauern 2 Liter Milch kaufen. Außerdem bekamen wir Berechtigungsscheine für Brot, Butter und Pferdefleisch. Auf dem großen Herd in der Küche durften wir kochen.

Zarrentin war völlig unversehrt vom Krieg. Zwei Wochen suchte ich ein Zimmer, und ein unverhofftes Glück bescherte uns sogar ein Sommerhaus auf dem Strangen. Das ist eine Halbinsel zwischen Schaalsee und Kirchensee. Unser Häuschen lag direkt am See, am Ufer ein Steg mit einer kleinen Bank. Es war für uns ein kleines Paradies.

Doch am nächsten Tag besetzten die Russen die Insel und durchsuchten nachts unser Haus. Alle Bewohner mussten ihre Häuser räumen, nur wir und unsere Nachbarn durften bleiben, weil die Häuser abseits lagen. Leider bekamen wir noch 2 Frauen mit 4 Kindern ins Haus.

Im Restaurant auf dem Strangen mussten wir für die Russen in der Küche arbeiten, hatten aber dadurch gut zu essen.

Drei Wochen dauerte dieses gute Leben, dann mussten wir auch das Häuschen räumen und standen wieder ohne Obdach auf der Straße.

Fünf Wochen lebten wir nun schon in Zarrentin. Keine Aussicht bestand, dass wir nach Hamburg konnten, und es war doch so nah. Wie mag es wohl zuhause aussehen, lebten die Schwiegereltern noch, und wo befand sich mein Mann? Fragen, die uns niemand beantworten konnte.

Nun saßen wir auf einer Bank unter einer großen Linde und wussten nicht wohin. Ich lief umher und suchte ein Quartier, doch es war vergebens. Als es Abend wurde, holte uns der Lehrer Langfeld in sein Haus und stellte uns großzügig sein Wohnzimmer mit Sofa und Chaiselongue zur Verfügung. Am nächsten Tag bekamen wir im ersten Stock ein Zimmer mit drei Betten. Wir mussten es nur mit einer Studentin teilen, die zu ihren Eltern in den Westen wollte und eines Tages verschwand.

Meine Mutter strickte wieder, und ich nähte für die Russen Achselklappen und Jacken auf einer geliehenen Nähmaschine. Wir verdienten gut dabei und bekamen auch manchmal Lebensmittel dafür. Als ich für einen Russen eine Breecheshose noch „Model" nähen musste, bekam ich dafür 100 RM, ein Brot und eine große Wurst. Später traf ich den Russen einmal, und er sagte freudestrahlend: „Du Hose gutt gemacht, serr gutt."

Inzwischen waren wir Bürger der Stadt Zarrentin geworden, richtig angemeldet und Besitzer von Lebensmittelkarten.

Immer wieder fragten wir uns, warum man uns nicht nach Hamburg ließ, schließlich waren wir doch dort zu Hause. Es hieß, man müsste erst nach Berlin, von dort könnte man nach Hamburg fahren. Leni, eine junge Frau, die neben uns ein Zimmer hatte, versuchte es mit einer Freundin. Doch sie kamen bald zurück, es war nur ein Gerücht. Leni hatte dafür ihr ganzes Geld geopfert, und nun hatte sie nichts mehr zum Leben.

Da verscheuerte ich für sie ihre goldene Uhr für 2000 RM an einen Russen. Meine eigene Armbanduhr war im Sommerhaus auf dem Strangen verschwunden. Nun hatte ich gar nichts mehr, nicht mal meinen Ehering. Eine Bekannte wollte versuchen, über die grüne Grenze zu kommen. Ihr gaben wir einen Brief für die Schwiegereltern mit. Sie kam sogar wieder zurück, denn sie hatte ihre Kinder noch in Zarrentin. Und welche Freude, sie brachte uns einen Brief von den Schwiegereltern mit, außerdem 500 RM, eine Kapseluhr und eine Flasche Schnaps. Die Schwiegereltern meinten, dass uns diese Dinge beim Grenzübertritt vielleicht von Nutzen sein könnten. Außerdem erfuhren wir, dass ihre Wohnung und auch unsere schon wieder hergestellt wäre, und sie sehnlichst unsere Rückkehr erwarteten.
Nun hielt uns nichts mehr, wir mussten nach Hamburg, egal wie.

Meine Mutter peilte drei Tage lang die Lage an der Grenze und stellte fest, dass tagsüber kein Russe auf dem Wachturm war.

Nun packten wir wohl zum letzten Mal unsere Sachen.

Am 17. November 1945, nachmittags um 4 Uhr gingen wir mit Leni und noch zwei anderen Leuten los. Wir mussten ungeschützt eine große Wiese überqueren und mehrere Gräben überspringen, ehe wir an einen hohen Stacheldrahtzaun kamen. Zwei von uns bogen die Drähte auseinander, und einer nach dem anderen schlüpfte durch. Die Kinderkarre mussten wir leider stehen lassen und das Gepäck tragen. Wir waren voller Glück, dass wir es so leicht geschafft hatten. Im Dunkeln tasteten wir uns durch einen Wald, bis wir an eine Straße kamen. Frohen Mutes gingen wir weiter, bis wir an einen großen Bauernhof kamen. Als wir um Quartier baten, meinten sie jedoch, es sei verboten Flüchtlinge aufzunehmen, die Engländer könnten Schwierigkeiten machen. Manchmal kämen nachts Streifen, um zu kontrollieren. Doch wir ließen uns nicht fortschicken, wo sollten wir im Dunkeln hin? Wir redeten so lange auf sie ein, bis sie uns im Kuhstall einen großen Haufen Heu hinschütteten.

Was machte es uns schon aus, dass wir bei dem Gerassel der Ketten von 80 Kühen nicht schlafen konnten? Es war wenigstens warm, und wir hatten ein Dach über dem Kopf. Am nächsten Morgen stellten sie uns einen Eimer mit Milch hin, und wir tranken uns satt.

Das Mädchen nahm uns dann mit zur Bahnstation Hollenbek. Da aber Sonntag war, fuhr kein Zug, und wir mussten noch eine Nacht im Gasthof auf Stühlen verbringen. Am nächsten Morgen nahm uns das Milchauto vom Gut mit nach Gudow, wo wir auf ein anderes Milchauto umstiegen, das uns endlich nach Bergedorf fuhr.

Als Erstes telefonierten wir mit den Schwiegereltern, die sich riesig freuten.

Nach Stunden fuhr endlich ein Zug, und als wir auf dem Altonaer Bahnhof ankamen, schloss uns Schwiegervater freudestrahlend in seine Arme.

Unser langer Weg nach Haus war nun zu Ende.

1948 kehrte mein Mann aus der Gefangenschaft heim und gemeinsam bauten wir uns eine neue Zukunft auf.

Es hat sich gelohnt zu überleben!

###

Nachwort

Dies ist die Geschichte meiner Mutter, Großmutter und Schwester am Ende des Zweiten Weltkrieges.
Ich selber wurde 1951 nach dem Krieg geboren. Ohne ihren Lebensmut würde ich heute nicht da sein.

Wir, meine Schwester und ich, haben nichts an dieser Geschichte verändert, genauso hat unsere Mutter sie aufgeschrieben. Es hat fast vierzig Jahre gedauert, bis sie den Mut dazu fand, sich das Trauma von der Seele zu schreiben.

Ein Schicksal wie tausend andere von Frauen und Mädchen, die während des Krieges zu Opfern und Helden wurden, auf allen Seiten. So wie es sich leider immer wiederholt. Zum Beispiel: in Bosnien, in Kuwait, in Libyen, im Kongo und jetzt auch in Syrien.

Frauen leiden, beschützen und bauen wieder auf, was durch die Machtkämpfe der Männer zerstört wurde.

Daher haben wir uns jetzt entschlossen, die Kriegserlebnisse unserer Mutter zu veröffentlichen, exemplarisch für das Leid, den Mut und Überlebenswillen so vieler Frauen in den Kriegsgebieten unserer Welt.

Annette Lobell, Karin Kubescha, Juli 2012

Weitere Informationen

Link
Drossen:
http://goo.gl/Vu1TC

Link
Zentrum gegen Vertreibung:
http://goo.gl/NWvzL

Link
Bibliotek für Zeitgeschichte:
http://goo.gl/vVH0A

Link
Befreier und Befreite:
Krieg, Vergewaltigungen, Kinder
Von Helge Sander / Barbara Johr
Buch und Film
http://goo.gl/30Vzr

Link
Vergewaltigungen im Krieg:
Von Christoph Egen
Studienarbeit
http://goo.gl/u0px9

Haftungausschluss für Links.

Dieses Buch enthält Links zu externen Webseiten Dritter, auf deren Inhalte wir keinen Einfluss haben. Deshalb können wir für diese fremden Inhalte auch keine Gewähr übernehmen. Für die Inhalte der verlinkten Seiten ist stets der jeweilige Anbieter oder Betreiber der Seiten verantwortlich. Die verlinkten Seiten wurden zum Zeitpunkt der Verlinkung auf mögliche Rechtsverstöße überprüft. Rechtswidrige Inhalte waren zum Zeitpunkt der Verlinkung nicht erkennbar. Eine permanente inhaltliche Kontrolle der verlinkten Seiten ist jedoch ohne konkrete Anhaltspunkte einer Rechtsverletzung nicht zumutbar. Bei Bekanntwerden von Rechtsverletzungen werden wir derartige Links umgehend entfernen.

Quelle: www.e-recht24.de/

15794583R00018

Made in the USA
Charleston, SC
20 November 2012